COLLECTION

DE

M. François PAUWELS

TABLEAUX

MODERNES & ANCIENS

ARMES ORIENTALES

CATALOGUE

DES

TABLEAUX MODERNES

ET

ANCIENS

ET DES

ARMES ORIENTALES

Composant la Collection de M. FRANÇOIS PAUWELS

DONT LA VENTE AURA LIEU

HOTEL DROUOT, SALLE N° 8

Les Lundi 5 et Mardi 6 Mars 1877

A DEUX HEURES

COMMISSAIRE-PRISEUR,

Mᵉ CHARLES PILLET

10, rue de la Grange-Batelière.

EXPERTS :

M. FRANCIS PETIT	M. FÉRAL, Peintre	M. CH. MANNHEIM
7, rue Saint-Georges	54, rue du Fᵍ-Montmartre	7, rue Saint-Georges

Chez lesquels se trouve le Catalogue.

EXPOSITIONS { PARTICULIÈRE : le Samedi 3 Mars 1877, PUBLIQUE : le Dimanche 4 Mars 1877.

DE UNE HEURE A CINQ HEURES

CONDITIONS DE LA VENTE

Elle sera faite au comptant.

Les acquéreurs payeront, en sus des adjudications, *cinq pour cent* applicables aux frais.

L'exposition mettant le public à même de se rendre compte de l'état des Objets, il ne sera admis aucune réclamation une fois l'adjudication prononcée.

PARIS.—Imp. PILLET et DUMOULIN, rue des Grands-Augustins, 5.

TABLEAUX

DE

L'ÉCOLE MODERNE

TABLEAUX

DE

L'ÉCOLE MODERNE

BRETON

(JULES)

1 — Bergère gardant ses moutons.

Elle pousse un des moutons du fer de sa houlette, les autres paissent autour d'elle.

Haut., 54 cent.; larg., 45 cent.

CERMAK

(JAROSLAV)

2 — Monténégrins en embuscade dans un dé-
filé de montagnes.

Tableau capital.

Haut., 1 m. 92 cent.; larg., 1 m. 17 cent.

CERMAK

(JAROSLAV)

3 — Paysan valaque gardant ses moutons.

Haut., 25 cent.; larg., 19 cent.

CERMAK

(JAROSLAV)

4 — Pêcheur et son fils dans leur bateau en
pleine mer.

Haut., 60 cent.; larg., 44 cent.

CERMAK

(JAROSLAV)

5 — Petites paysannes pleurant leur coq trouvé
mort dans une basse-cour.

Haut., 71 cent.; larg., 51 cent.

DE BLOCK

(EUGÈNE)

6 — Joueuse de guitare arrêtée devant une au-
berge.

Haut., 22 cent.; larg., 26 cent.

DE GROUX

(CHARLES)

7 — La Mort de Charles-Quint au monastère de
Saint-Just.

Il reçoit le viatique des mains de Jean Regla,
son confesseur.

Tableau capital qui a été gravé par Danse.

Haut., 1 m. 95 cent.; larg., 2 m. 40 cent.

DE GROUX

(CHARLES)

8 — Pèlerinage à Notre-Dame de Hal.

> Une foule de fidèles de tous âges et de toutes
> conditions se dirigent vers le porche de l'église.
> Plusieurs d'entre eux font brûler des cierges avant
> d'entrer.
>
> Haut., 94 cent.; larg., 1 m. 39 cent

DE GROUX

(CHARLES)

9 — François Junius prêchant secrètement la réforme à Anvers.

> « Un jour dans une chambre ayant vue sur la
> « place du Marché, au même instant où avait lieu
> « sur cette place un auto-da-fé de plusieurs héré-
> « tiques, et alors que la lueur des flammes qui
> « consumaient ses frères en croyance répan-
> « dait à travers les carreaux des fenêtres une
> « sinistre clarté sur le conventicule, il prêcha, dé-
> « fendant, avec son éloquence habituelle, les doc-
> « trines de la foi réformée. »
>
> (Motley, *Révolution des Pays-Bas au XVI° siècle.*)
> Esquisse du tableau qui se trouve au Musée de
> Bruxelles, et qui a été gravé par Léopold Flameng.
>
> Haut., 57 mill.; larg., 76 mill.

TABLEAUX ANCIENS

TABLEAUX ANCIENS

BAUDOUIN

(PIERRE-ANTOINE)

29 — Le Matin.

Dans un intérieur du temps de Louis XVI, un
jeune homme debout cause avec une jeune femme
assise qui se chauffe devant une cheminée; à
droite, une soubrette lui apporte son déjeuner.

Cadre en bois sculpté.

Bois. Haut.. 26 cent.; larg., 21 cent.

BOILLY

(LOUIS)

30 — La Comparaison.

Dans un intérieur, deux jeunes femmes ; l'une, vêtue d'une robe blanche, est assise auprès d'une table ; l'autre est debout vêtue d'une robe en soie bleue.

Gracieux tableau de l'artiste dans un cadre en bois sculpté.

Toile. Haut., 43 cent.; larg., 37 cent.

BRAUWER

(d'après ADRIEN)

31 — Intérieur de tabagie.

Belle copie ancienne du tableau qui est au musée du Louvre.

Collection Chapuis de Bruxelles.

Bois. Haut., 20 cent.; larg., 26 cent.

CHARLIER

(JACQUES)

32 — Les Noces de l'Amour et de Psyché.

Ils sont entourés des dieux de l'Olympe. L'Aurore s'éloigne suivie par des amours qui sèment des fleurs ; à gauche, les Saisons groupées et tressant des guirlandes ; à droite, Jupiter, Minerve. Vénus, Diane, etc.

Très-belle gouache.

Haut., 51 cent.; larg., 66 cent.

CLOUET

(Ecole de JEHANNET)

33 — Portrait d'homme en buste.

Cadre Renaissance en bois sculpté.

Bois. Haut., 25 cent.; larg., 20 cent.

COQUES

(GONZALÈS)

34 — Partie de musique dans la cour d'un ancien hôtel de la famille de Ravensten, à Bruxelles.

La noble famille est réunie : au centre, les deux dames sont assises, l'une d'elles tient son enfant ; les deux seigneurs vêtus de noir leur font face, ils ont chacun une basse et l'un d'eux se dispose à jouer un morceau ; à droite, trois personnages, parmi lesquels un ecclésiastique ; à gauche, une jeune femme, en partie cachée par une balustrade de marbre, joue avec une jeune fillette ; sur le devant, un valet prend des rafraîchissements dans un bassin en cuivre.

Tableau très-important et d'une belle qualité.

Toile. Haut., 1 m. 65 cent.; larg., 2 m. 25 cent.

CRAYER

(GASPARD de)

35 — La Pentecôte.

Le Saint-Esprit descend en langues de feu sur les apôtres.

Grisaille.

Toile. Haut., 71 cent.; larg., 55 cent.

DE VRIES

(JEAN-RENIER

36 — La Chaumière.

Au premier plan, un cours d'eau au bord duquel sont arrêtés un chasseur et son chien : à droite, une chaumière entourée d'arbres, auprès une église dont le clocher se détache sur un ciel nuageux.

Bois. Haut., 53 cent.; larg., 65 cent.

GARNIER

37 — La Toilette.

Une jeune femme, vêtue d'une robe de satin blanc, corsage rayé et ceinture en soie jaune, est assise et occupée à se mettre une mule.

Gracieux tableau d'un artiste que l'on rencontre rarement.

Bois. Haut., 31 cent.; larg., 43 cent.

NEER

(AART VAN DER)

38 — Clair de lune.

> Sur le devant, trois vaches au repos ; au centre, une rivière aux bords marécageux ; à gauche, des arbres ; vers le fond, un village ; à droite, des moulins. Ciel chaud et nuageux encore imprégné des derniers rayons du soleil.
>
> Ce tableau provient de la galerie du palais royal de Varsovie dont le panneau porte le sceau.

Bois. Haut., 36 cent.; larg., 44 cent.

NOEL

(P.-J.)

39 — Paysage avec figures et animaux.

Collection Chapuis de Bruxelles.

Toile. Haut., 27 cent.; larg., 32 cent.

OSTADE

(attribué à ADRIEN)

40 — Intérieur rustique.

Bois. Haut., 19 cent.; larg., 23 cent.

PADOUAN

(ALEXANDRE VAROTARI dit le)

41 — Offrande à la déesse de l'amour.

> D'après le tableau du Titien qui se trouve au
> musée de Madrid.
> Belle peinture digne du pinceau du Titien auquel
> elle a été souvent attribuée.
> Riche cadre en bois sculpté.

> Toile Haut., 1. m. 68 cent.; larg., 1 m. 70 cent.

ROMAIN

(d'après JULES)

42 — Danse d'enfants.

> Bois. Haut., 56 cent.; larg., 85 cent.

RUYSDAEL

(SALOMON VAN)

43 — La Halte.

> Un troupeau de vaches vient se désaltérer à un
> cours d'eau qui se trouve au premier plan ; un peu
> sur la gauche, une chèvre et quelques moutons
> au repos ; au second plan, des cavaliers arrêtés à

la porte d'une hôtellerie ombragée par de grands arbres; auprès d'eux, trois voitures; l'une qui est évidemment celle de l'artiste, porte le monogramme du peintre et la date 1667, tandis que les deux autres sont ornées de riches armoiries; vers le fond, quelques maisons et le clocher d'une église se détachant sur un ciel nuageux.

Beau et important tableau du maître dans un riche cadre en bois sculpté.

Toile. Haut., 1 m.; larg., 1 m. 35 cent.

STEEN

(JAN VAN)

44 — La Sainte Famille.

La Vierge est assise, elle tient sur ses genoux l'Enfant endormi, le jeune saint Jean s'approche pour l'embrasser; sainte Anne, appuyée sur un bâton, les regarde en souriant. Saint Joseph assis devant une table, un compas à la main, paraît méditer; dans le fond, par une porte cintrée, on aperçoit des petits anges occupés à scier du bois.

Tableau des plus curieux de ce maître. Il est catalogué dans Smith, supplément, page 495, n° 56.

Collection Yates. Signé en toutes lettres.

Toile. Haut., 76 cent.; larg., 64 cent.

STOOP

(THIERRY)

45 — Le Cheval pie.

Il est sellé et attaché à un pieu auprès d'un mur,
deux chiens près de lui attendent l'arrivée de leur
maître.

Charmant petit tableau digne du pinceau de P.
Potter.

Bois. Haut., 19 cent.; larg., 24 cent.

TENIERS

(DAVID le fils)

Les Briquetiers.

Trois villageois causent pendant que l'un d'eux,
installé devant une petite table, s'occupe à mouler
ses briques que deux jeunes garçons rangent sur la
droite ; au second plan, des cabanes et les fours
entourés de pieux; à droite et à gauche, quelques
arbres.

Ravissant petit tableau du maître, d'un ton fin
et argenté.
Signé en toutes lettres.

Bois. Haut., 26 cent.; larg., 37 cent.

TERBURG

(GÉRARD)

47 — Portrait de jeune femme.

Elle est debout, vue jusqu'aux genoux, les bras pendants, elle porte un costume en soie noire sur un jupon de satin jaune clair; près d'elle, une table sur laquelle est posé un coffret.

Toile. Haut., 46 cent.; larg., 35 cent.

TERBURG

(GÉRARD)

(PENDANT DU PRÉCÉDENT)

48 — Portrait d'homme.

Debout, vu jusqu'aux genoux, la main droite à la ceinture, il porte un vêtement noir ouvert sur la poitrine laissant voir de larges manches blanches; près de lui une table sur laquelle est son chapeau.

Toile. Haut., 46 cent.; larg., 35 cent.

67 — Sabre malais à lame en damas, avec manche et fourreau en argent ciselé.

68 — Sabre malais à lame en damas, dont l'épaisseur du talon est incrustée d'or. Le manche est garni d'une douille unie en or. Le fourreau est en argent gravé.

69 — Poignard malais à lame en damas, avec manche courbe et fourreau en argent ciselé.

70 — Kriss malais à lame flamboyante, en damas, manche en bois et fourreau garni en or repoussé et ciselé.

71 — Sabre à lame droite en damas, dont le talon est orné de deux mascarons en relief plaqués d'or. Le manche et le fourreau sont en argent ciselé.

72 — Sabre malais à lame droite, en damas, avec manche en corne sculptée, à rinceaux feuillagés et en argent ciselé.

73 — Sabre ou coupe-tête malais, à large lame et manche en corne sculptée et argent.

74 — Kriss malais à lame droite, en damas, manche en bois sculpté avec douille en or incrustée de roses.

75 — Kriss malais à lame droite et manche en corne garni en argent. Le fourreau en bois se termine à sa partie supérieure par une béquille en corne.

76 — Kriss malais à lame flamboyante, en damas, manche en bois et fourreau garni en argent.

77 — Poignard à lame quadrangulaire, à ressorts et manche en ivoire sculpté se terminant par un oiseau.

78 — Kriss malais à lame droite, en damas, manche en bois et fourreau en bois décoré d'oiseaux et de fleurs laqués en or.

79 — Kriss malais à lame flamboyante, en damas, manche en bois et fourreau garni en argent repoussé.

80 — Kriss malais à gros manche en ivoire sculpté, garni en argent.

81 — Kriss malais avec manche en fer adhérent à la lame et en forme d'être humain. Fourreau garni en argent.

82 — Deux kriss malais analogues à celui qui précède. L'un des fourreaux est garni en cuivre.

83 — Kriss malais à lame flamboyante, en damas, manche en bois et fourreau garni en or gravé à fleurs.

84 — Kriss malais à lame flamboyante, en damas, portant des inscriptions gravées; manche et fourreau en bois.

85 — Onze kriss malais à manches en bois sculpté. Les fourreaux sont garnis en cuivre.

86 — Kriss malais à lame flamboyante, en damas, et manche en ivoire garni de rondelles d'argent.

87 — Autre kriss à lame droite et manche en ivoire sculpté.

88 — Sabre malais à lame droite, en damas, incrustée d'argent et manche en argent gravé.

89 — Autre sabre malais, à manche en corne sculptée, à tête de dragon garni en argent.

90 — Poignard malais à belle lame en damas, avec manche en or, à perles en relief et fourreau laqué garni en or.

91 — Kriss malais à lame droite, en damas, manche en bois, avec rondelle en or, enrichie de roses, et fourreau garni en cuivre doré.

92 — Kriss de même modèle que celui qui précède, à lame flamboyante.

93 — Kathar indien à poignée damasquinée d'or, adhérant à la lame et formée de deux branches droites reliées par quatre traverses. Fourreau en velours rouge.

94 — Autre kathar à large lame, portant deux inscriptions incrustées en cuivre et à poignée, formée de deux longues branches cintrées reliées par une traverse. Fourreau en cuir.

95 — Kandjar persan à lame évidée, en damas et manche
en ivoire teint en vert, garni en fer damasquiné d'or.

96 — Petit poignard à lame courbe, en damas, offrant sur
chacune de ses faces trois nervures saillantes. Manche
et fourreau en bois vernis.

97 — Sabre à lame courbe, en beau damas, avec manche
en ivoire sculpté, à tête de lion et garde en damas. Le
fourreau est garni en cuivre doré.

98 — Sabre à lame courbe, en damas de belle qualité,
manche en ivoire et argent doré, fourreau en argent
gravé et doré.

99 — Sabre à lame droite en damas, richement incrustée,
à rinceaux. Manche en bois et ivoire poli.

100 — Poignard de chasse écossais, avec fourchette et couteau garnis en argent, et enrichis de topazes d'Ecosse.

110 — Poche écossaise en peau de chèvre garnie en argent.

102 — Deux pièces en cuir rouge garnies d'ornements
en cuivre ciselé et repercé à jour. Travail chinois.
Porte-arc et carquois.

103 — Deux targes en bois peint, à figures de lions. Travail malais.

104 — Rondache en cuir gaufré. Même travail.

105 — Coiffure japonaise garnie en argent.

106 — Trois autres coiffures variées en paille.

107 — Deux chemises de fines mailles soudées.

108 — Deux haches d'abordage.

109 — Sabre double d'abordage.

110 — Deux pistolets à double canon ; avec garniture en cuivre ciselé et doré. XVIIᵉ siècle.

111 — Deux pistolets de même travail, avec canons signés : LAZARINO COMINAZZO.

112 — Couperet à lame gravée repercée à jour et damasquinée d'or au talon. Manche en ivoire découpé en forme de fleur.

113 — Grand kriss à lame flamboyante incrustée d'ornements de cuivre. Manche en ivoire et cuivre.

114 — Sabre à large lame, manche en corne sculptée et fourreau laqué.

115 — Sabre à large lame en damas et manche en corne.

116 — Deux couperets à large lame gravée et repercée à

jour avec manche en corne de buffle, sculpté et découpé, garni d'une douille en or gravé.

117 — Sabre à lame droite et manche en os sculpté.

118 — Sabre double de duel, de travail chinois, à manche en buffle et cuivre gravé et fourreau en peau de requin.

119 — Deux lames de lances en damas. Fourreau en bois.

120 — Quatre petits couteaux variés ; l'un deux à manche en ivoire sculpté à figures.

121 — Poignard circassien garni en argent niellé.

122 — Couperet chinois à manche garni d'une douille en argent.

123 — Arc en corne de buffle.

124 — Autre arc en bois laqué.

125 — Fort lot de flèches de diverses formes.

126 — Trois casse-têtes en bois.

127 — Deux étuis contenant quantité de pointes de flèches.

128 — Sabre à large lame damassée et manche en bois. Arme de sauvage.

129 — Sabre analogue; le manche de celui-ci est garni d'un grelot.

130 — Trois autres sabres de même travail à manches en bois sculpté.

131 — Sabre malais à large lame et manche en ivoire avec douille en argent gravé.

132 — Sabre malais à manche en buffle.

133 — Très-grand couteau pliant à manche en cuivre.

134 — Canne à épée à lame en damas incrustée d'argent.

135 — Trident à hampe peinte en rouge.

136 — Deux très-longs joncs naturels.

137 — Deux longs manches de lances en bois travaillé et garnis de crins blancs. L'un d'eux a une douille d'argent.

138 — Canne à épée en jonc à lame en damas incrustée d'or, pomme en ivoire sculpté et garniture en cuivre.

139 — Sabre japonais à très-long manche laqué.

140 — Deux arcs de sauvages.

141 — Petite lance à lame en forme d'oiseau fantastique incrustée d'or et de roses. Long manche en bois garni d'une douille tissée.

142 — Lance à lame droite dont la monture inférieure est incrustée d'or.

143 — Lance à lame droite en damas damasquinée d'or. Le manche a une longue douille en argent repoussé.

144 — Deux lances à lame droite et à long manche garni de parties tissées en argent.

145 — Lance malaise à lame en damas garnie d'une rondelle d'or ciselé et à long manche en bois dur.

146-147 — Sept lances à lames droites en damas, longs manches en bois dur et douilles en cuivre.

148 — Grand fauchard à manche se terminant par une tête fantastique en fer forgé ; travail japonais.

149 — Quatres lances ou harpons à manches peints en rouge. Même travail.

150 — Lance ou javelot à très-long manche garni en argent.

151 — Deux lances garnies en argent.

152 — Deux autres garnies en cuivre.

153 — Deux cannes à épées dont une à lame incrustée d'or.